靜心寫經

修身心・習書藝

藝術的可貴在於和日常生活打成一片
趣味的發生可以將人生之旅加以美化

李蕭錕等 著

雄獅美術

●「寫經比念經更能幫助心的安定，注意力集中則不易散亂、妄想，專心一意寫經，寫著寫著就入定了。」

這段話出自夢參老和尚的口述。老和尚出生於一九一五年，曾親近弘一法師有半年之久。一九九八年六月李賢文與五十三位居士跟隨夢參老和尚前往中國大陸朝五臺山。藉此因緣李賢文寫生一本冊頁，老和尚以書法題名「五臺聖境」，此為冊頁之一——竹林禪寺。

編者的話

靜心寫經・平衡之美

文圖／李賢文

靜心寫經，關係到佛法與書法，而每個人在碰觸到佛法與書法之時，都會有不同的感悟。

佛法與書法的學習，不可思議地同年發生在我個人身上。

那是一九九二年，四十五歲的我正面臨事業瓶頸，苦無解套。第一次上佛學課，我鼓起勇氣請法師開示：

「事業順暢之時，空間須擴大，人員須補充，可是我的煩惱也跟著增加；而事業失敗，煩惱馬上出現。好也煩惱，壞也煩惱，不知如何是好？」

「你應高興事業發達之時，有機會為更多人服務；而業績退縮之時，正可以調整事業規模，你也應歡喜有空閒自修。」

這次對談，讓我窺探了佛法可以賜予人類另一條看待事業與人生的道路，讓我在入世與出世之間取得一種平衡的快樂。

而書法的學習亦給我平衡的美感經驗。

隸書與楷書均有端莊之美，而行書乃至草書也有動勢中的協和之美。行草筆跡乍看龍飛鳳舞，細看每個字都有其中軸線，起筆與結筆之間幾乎都可尋到一條神秘的安定力量。因此一件優美草書看似跌宕起伏，其實都有其平衡的美感。

雖云世間事十之八九難如人願。然而佛法可以提供人們種種調節心性的無上法門；書法的學習則可使人在不安中取得安定。因此佛法與書法自古以來即相輔相成。敦煌寫經以及弘一法師以書法弘法都是明證。

由台灣的九二一到美國的九一一，呈現新世紀的恐怖陰影，然而人類依舊需要在浮動不安中求取新的平衡。《靜心寫經》的出版正可以提供世人一項方便的法門來安定自己，如果有更多人士以此安定自己，則社會當然就會趨向和諧。

由靜心寫經到寫經靜心，甚至寫經迴向，一切都可順性開展，就以我個人的經驗來說，一九九九年九二一之後的中秋，我對夜空寫生銀色滿月，並於冊頁上書寫感言：

「九月二十一日集集大地震之後，人心惶惶實是台灣百年來未有的大災難，中秋日讀到一段引人深省的話，夏目漱石在《草枕》寫道：

『無法遷離的人世既然難以居處，就應使這個難以安居之域更為寬容，使短暫的生命也能活得更好才行，因此就產生了詩人的天職賦予了畫家使

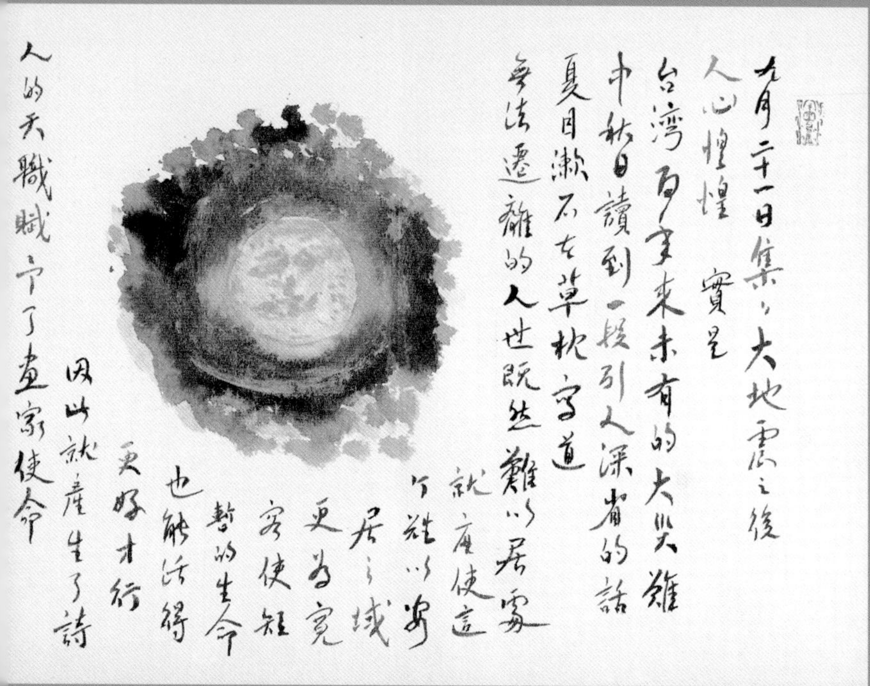

九二一震後的中秋夜，李賢文寫生銀色滿月並書寫了感言。

命。藝術人士之所以珍貴，就是因為他們使人世更悠閒恬靜，讓人心更豐富的緣故。』

這段話出現在無常變化之時，讓我驚覺到藝術的無價在於以文字、以詩、以畫、以音樂來安撫與振興人心。

中秋夜冷冷的月對看苦苦的心，雪霜般的銀光映現了月圓人不圓的境況，此刻我抄寫心經迴向給死傷的同胞，我畫這張光明圓的銀月迎向新世紀的光明。」

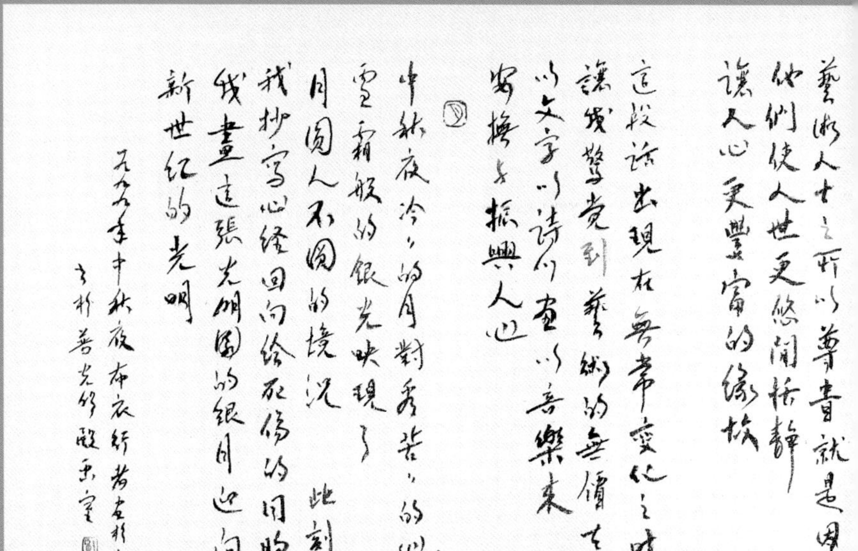
藝術人士之所以尊貴就是因為
他們使人世更悠閒恬靜
讓人心更豐富的緣故
這段話出現在無常變化之時
讓我驚覺到藝術的無價在於
以文字以詩以畫以音樂來
安撫與振興人心
中秋夜冷冷的月對看苦苦的心
雪霜般的銀光映現了
月圓人不圓的境況　此刻
我抄寫心經迴向給死傷的同胞
我畫這張光明圓的銀月迎向
新世紀的光明

兩年多來，那紙心經／迴向文一直高貼於畫室橫樑上日日面對門外穹蒼。雖無法真正知道迴向的不思議性，然它至少使我安住於畫室中的筆墨耕耘。五年來遇到親友兄長的婚宴喪禮，亦經常送給心經／祝賀詞或心經／迴向文，朋友們也都報以感動的心情。如一九九七年九月二十六日，我親自送上迴向文給九五高齡前輩畫家顏水龍的家屬：

「顏老師，聽說您安祥的走了，我不覺得意外。

因為，溫馨不爭是您的性德。

您像那冬日絢爛的陽光，在那『蘭嶼組畫』，也在提攜後輩的行為中；

您像那純美的晨曦，在那『淡水組畫』，也在那不爭的品格；

您像那平靜的湖水，在那『日月潭組畫』，也在那親和的容顏上。

可是，我也知道您有小小的不滿，您說：『我是土生土長的台灣囝仔，真不甘願看到台灣文化逐日消失啊！』其實您說出的正是我們共同的悲哀。

剛剛我在佛堂虔誠地誦了《金剛般若波羅蜜經》迴向給您——

一切有為法　如夢幻泡影

如露亦如電　應作如是觀

請老師安心的走罷！讓一切遺憾還諸天地，讓慈悲與智慧回歸本體。」

以毛筆靜心寫經，以虔誠心境書寫賀詞或迴向文，就我個人的初淺經驗，它不只可以安定鼓舞親友，更可以安定自己的心緒。在這價值觀多元的年代，資訊橫流漫溢的台灣，如果能經常面對素宣靜心寫經，是多麼難能可貴啊！《靜心寫經》的姐妹書《心與手—寫心經．畫觀音》作者奚淞正如同本書作者李蕭錕，都以他們多年來寫經的寶貴經驗，親自示範寫經的步驟，也詳述了寫經的種種知識。這兩本書都是難得一見的寫經入門書啊！

靜心寫經，不只可以促使個人身心的平衡，更可以促使人與人之間的平衡。在這變動無常的年代，具備平衡美的能力就更形重要了。因此，期待雄獅美術【藝術趣味】特別精心推出的《靜心寫經》，能帶給每一個人平寧喜悅的豐美人生。

二〇〇一年歲暮寫於清泉草堂

目錄

◆游於藝術

◎五臺聖境……李賢文……2

◆編者的話

◎靜心寫經・平衡之美……李賢文……4

已有愈來愈多人參與寫經活動，特別是現代人忙碌且急促的生活步調，更需要一種修行的功夫，讓自己的心靈安頓，養成禪定的功夫，便於工作中或生活中清明的思考能力……。

◎鏡頭下

◎爲什麼要寫經?……李蕭錕……8
◎般若波羅蜜多心經……李蕭錕……10

◎寫經的故事

佛教中的「寫經」是修心法門之一，中國何時有寫經活動呢?寫經對一般人有什麼好處呢?中國書體的發展，因為隋唐大量的寫經活動而發展出的筆法，稱為「寫經體」，現代人寫經也可以參照這種筆法。

◎寫經的由來……李蕭錕……12
•寫經的意義……12
•口傳佛教教義……12
•大乘佛教與寫經……12
•佛教流傳與寫經……14
◎寫經的好處……李蕭錕……16
◎寫經體的產生……李蕭錕……18

◎自學入門

在瞭解【寫經的故事】之後，將進入寫經前的準備，以及寫經的歷程，在本單元將就引導寫經前應有的準備談起，有了妥善的準備，將可減少寫經過程容易產生的挫折感。

◎寫經前的準備……李壁苑……20
◎瞭解經文意涵……李蕭錕……20
◎尋找寫經範本……李蕭錕……22
•隸書……22

寫經體

以「寫經體」抄寫，可參考：

- 日本《隅寺心經》，八世紀、空海和尚筆。現藏日本京都國立博物館。
- 日本《紺紙金泥諸圖心經》日本後奈良天皇，曼殊院藏。
- 日本《紺紙金字一字寶塔心經》，現藏日本唐招提寺。
- 日本《一字蓮臺法華經》，現藏京都國立博物館。
- 日本《古寫經集成—心經》。
- 隋、唐《妙法蓮華經》。
- 也可參考敦煌寫經、隋唐書體風格。

◉日本／《一字蓮臺法華經》（局部）

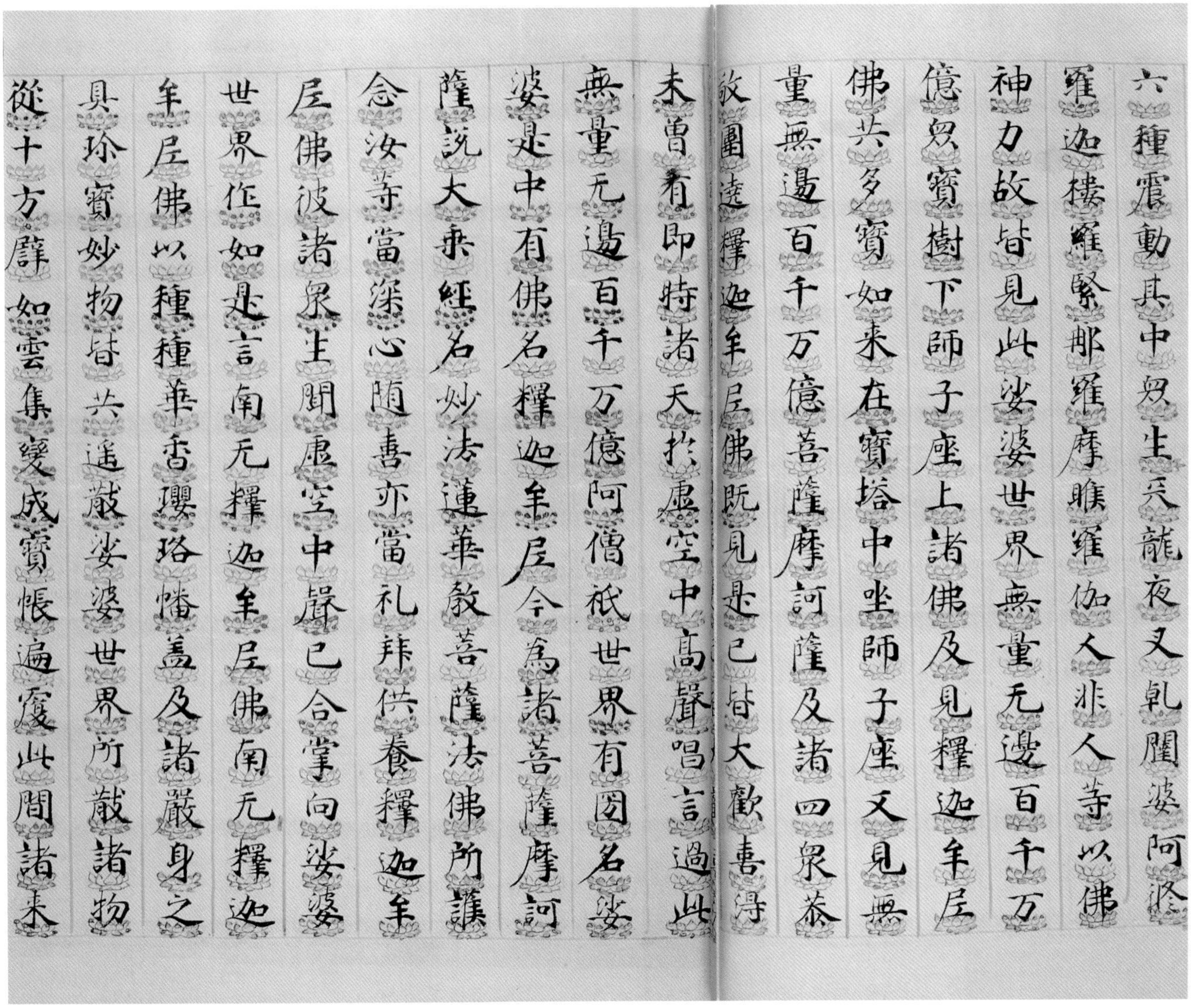

● 日本／奈良時代前期／《隅寺心經》

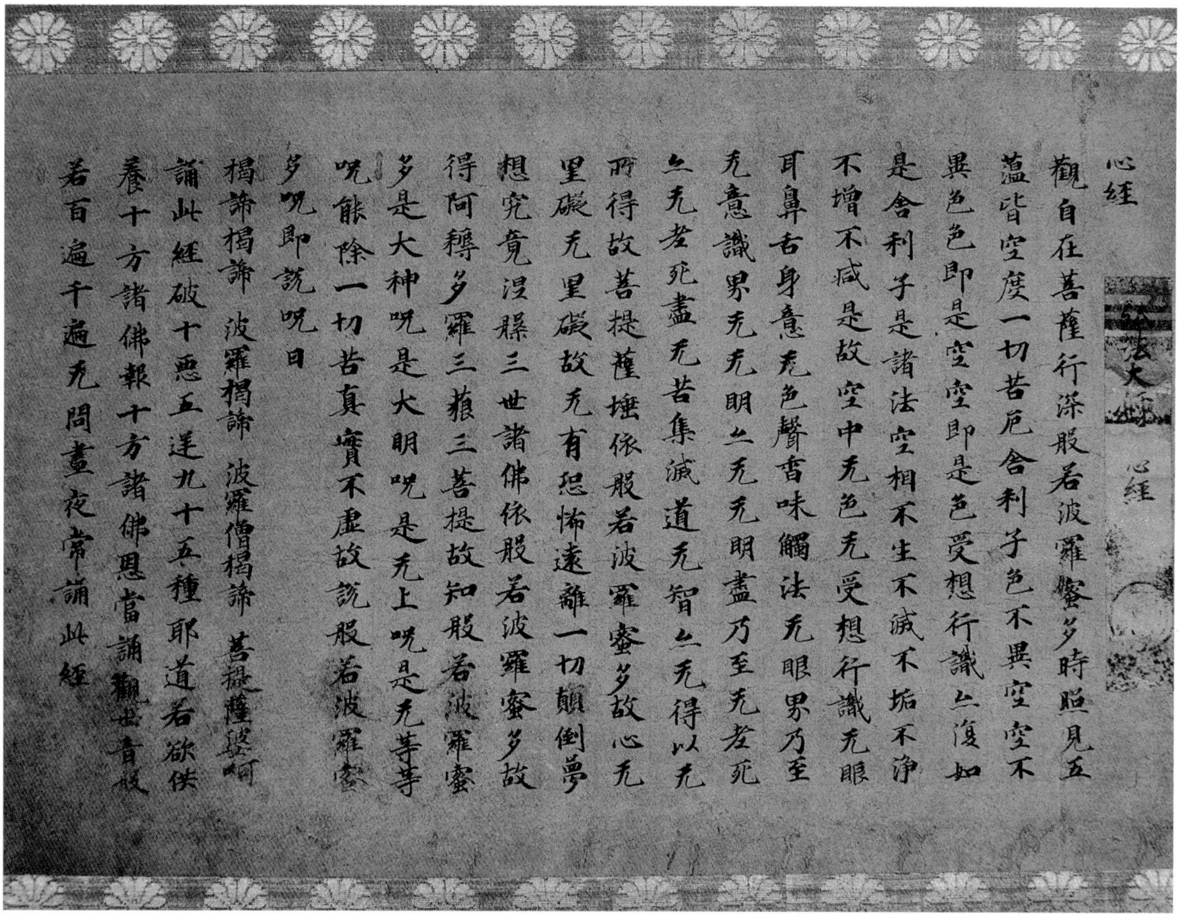

心経
観自在菩薩行深般若波羅蜜多時照見五
蘊皆空度一切苦厄舍利子色不異空空不
異色色即是空空即是色受想行識亦復如
是舍利子是諸法空相不生不滅不垢不淨
不增不減是故空中无色无受想行識无眼
耳鼻舌身意无色聲香味觸法无眼界乃至
无意識界无无明亦无无明盡乃至无老死
亦无老死盡无苦集滅道无智亦无得以无
所得故菩提薩埵依般若波羅蜜多故心无
罣礙无罣礙故无有恐怖遠離一切顛倒夢
想究竟涅槃三世諸佛依般若波羅蜜多故
得阿耨多羅三藐三菩提故知般若波羅蜜
多是大神呪是大明呪是无上呪是无等等
呪能除一切苦真實不虛故說般若波羅蜜
多呪即說呪曰
揭諦揭諦 波羅揭諦 波羅僧揭諦 菩提薩婆訶
誦此經破十惡五逆九十五種邪道若欲供
養十方諸佛報十方諸佛恩當誦觀世音般
若百遍千遍无問晝夜常誦此經

● 日本／古寫經集成／《心經》

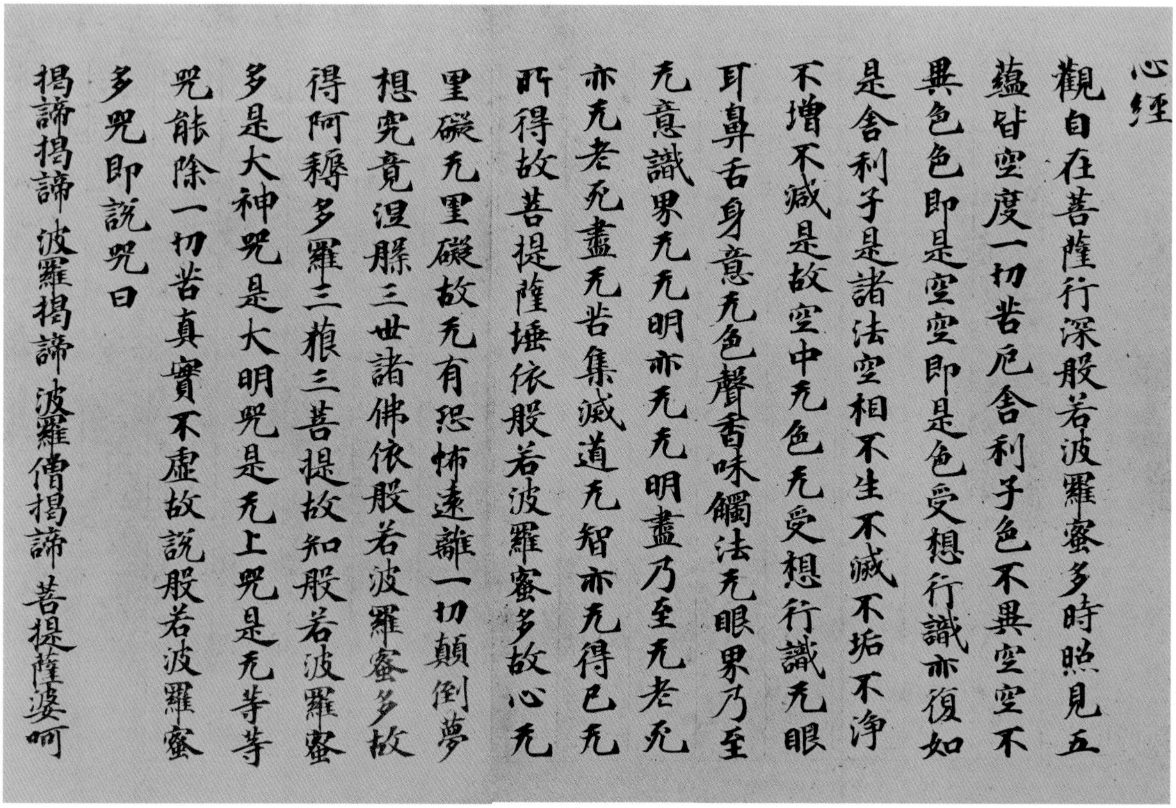

心經
觀自在菩薩行深般若波羅蜜多時照見五
蘊皆空度一切苦厄舍利子色不異空空不
異色色即是空空即是色受想行識亦復如
是舍利子是諸法空相不生不滅不垢不淨
不增不減是故空中无色无受想行識无眼
耳鼻舌身意无色聲香味觸法无眼界乃至
无意識界无无明亦无无明盡乃至无老死
亦无老死盡无苦集滅道无智亦无得以无
所得故菩提薩埵依般若波羅蜜多故心无
罣礙无罣礙故无有恐怖遠離一切顛倒夢
想究竟涅槃三世諸佛依般若波羅蜜多故
得阿耨多羅三藐三菩提故知般若波羅蜜
多是大神咒是大明咒是无上咒是无等等
咒能除一切苦真實不虛故說般若波羅蜜
多咒即說咒曰
揭諦揭諦 波羅揭諦 波羅僧揭諦 菩提薩婆訶

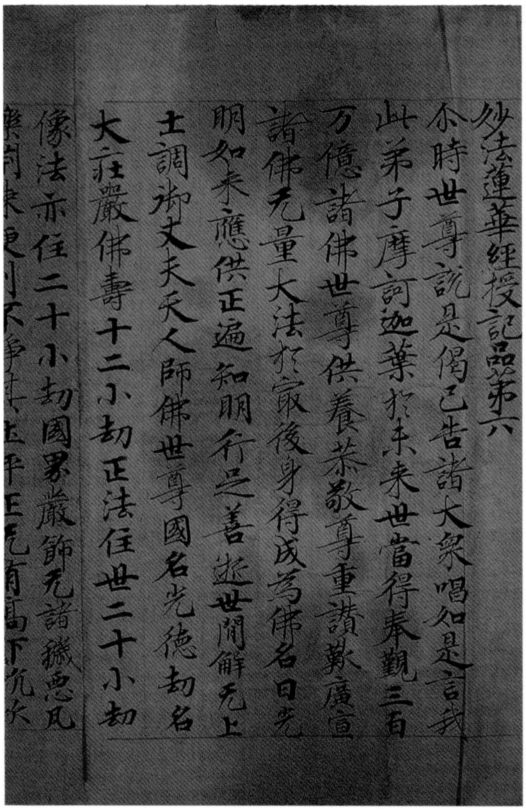

妙法蓮華經授記品第六
尒時世尊說是偈已告諸大衆唱如是言我
此弟子摩訶迦葉於未來世當得奉覲三百
万億諸佛世尊供養恭敬尊重讚歎廣宣
諸佛无量大法於最後身得成為佛名曰光
明如來應供正遍知明行足善逝世間解无上
士調御丈夫天人師佛世尊國名光德劫名
大莊嚴佛壽十二小劫正法住世二十小劫
像法亦住二十小劫國界嚴飾无諸穢悪瓦

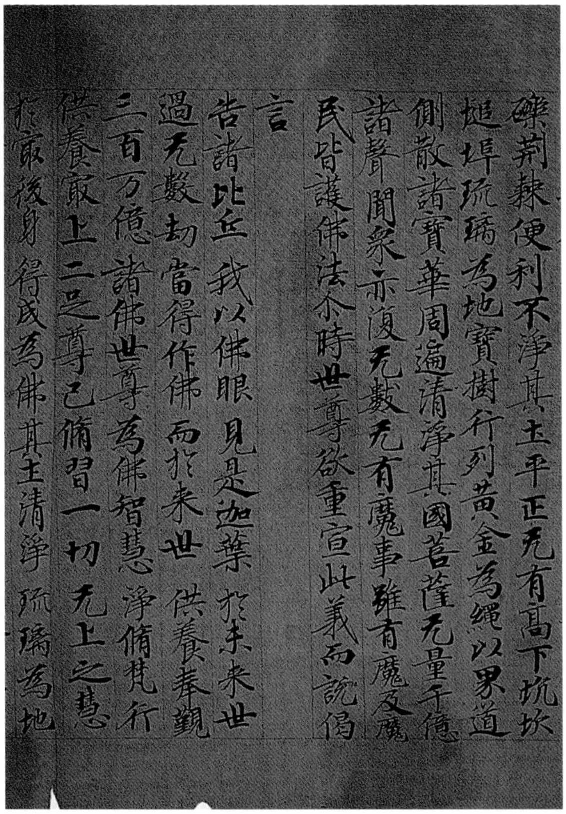

礫荊棘便利不淨其土平正无有高下坑坎
堆阜琉璃為地寶樹行列黄金為繩以界道
側散諸寶華周遍清淨其國菩薩无量千億
諸聲聞衆亦復无數无有魔事雖有魔及魔
民皆護佛法尒時世尊欲重宣此義而說偈
言
告諸比丘 我以佛眼 見是迦葉 於未來世
過无數劫 當得作佛 而於來世 供養奉覲
三百万億 諸佛世尊 為佛智慧 淨脩梵行
供養最上 二足尊已 脩習一切 无上之慧
於最後身 得成為佛 其土清淨 琉璃為地

● 隋／《妙法蓮華經》（局部）／敦煌莫高窟

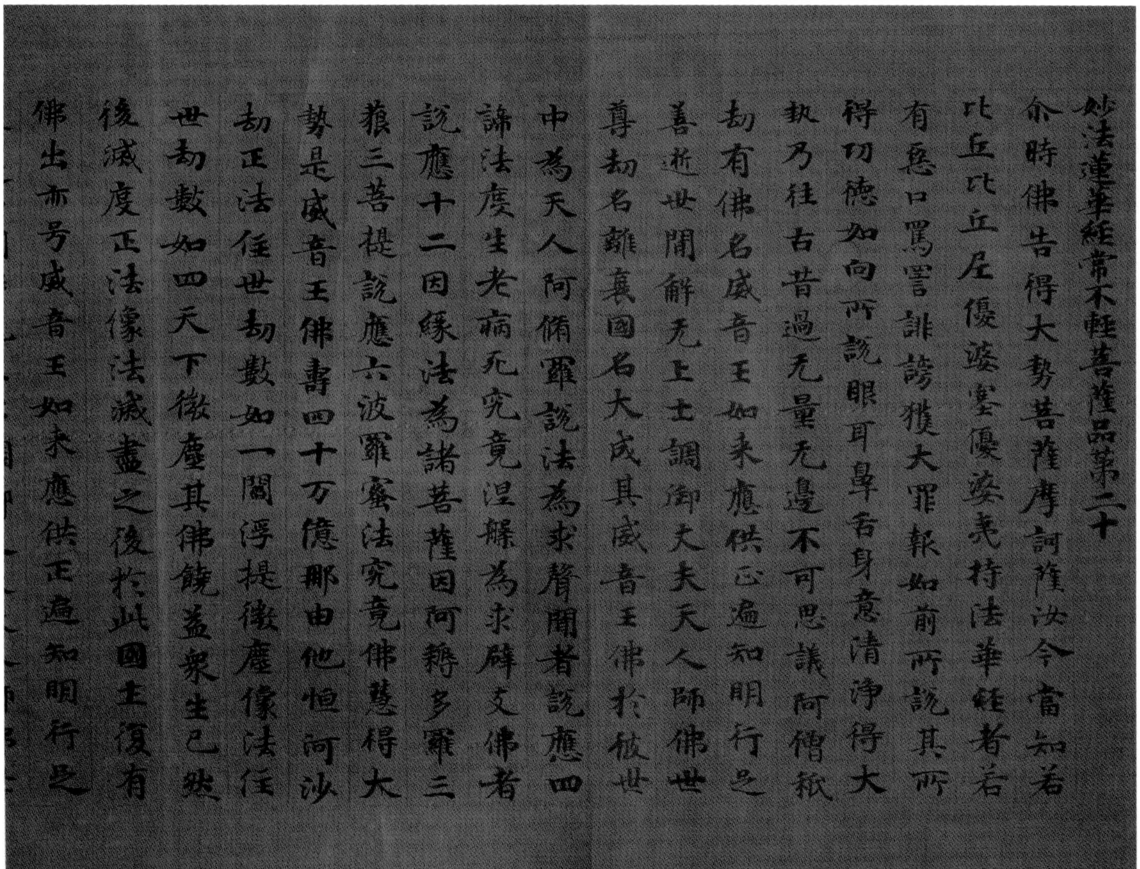

妙法蓮華經常不輕菩薩品第二十
尒時佛告得大勢菩薩摩訶薩汝今當知若
比丘比丘尼優婆塞優婆夷持法華經者若
有悪口罵詈誹謗獲大罪報如前所說其所
得功德如向所說眼耳鼻舌身意清淨得大
勢乃往古昔過无量无邊不可思議阿僧祇
劫有佛名威音王如來應供正遍知明行足
善逝世間解无上士調御丈夫天人師佛世
尊劫名離衰國名大成其威音王佛於彼世
中為天人阿脩羅說法為求聲聞者說應四
諦法度生老病死究竟涅槃為求辟支佛者
說應十二因緣法為諸菩薩因阿耨多羅三
藐三菩提說應六波羅蜜法究竟佛慧得大
勢是威音王佛壽四十万億那由他恒河沙
劫正法住世劫數如一閻浮提微塵像法住
世劫數如四天下微塵其佛饒益衆生已然
後滅度正法像法滅盡之後於此國土復有
佛出亦号威音王如來應供正遍知明行足

● 唐／《妙法蓮華經》（局部）／敦煌莫高窟

楷書

以「楷書」為本可參考：

- 唐—歐陽詢《般若波羅蜜多心經》
- 明—文徵明《般若心經》
- 清—翁方綱《般若波羅蜜多心經》
- 民國—弘一法師《般若波羅蜜多心經》

般若波羅蜜多心經
觀自在菩薩行深般若波羅
蜜多時照見五蘊皆空度一
切苦厄舍利子色不異空空
不異色色即是空空即是色
受想行識亦復如是舍利子
是諸法空相不生不滅不垢
不淨不增不減是故空中無
色無受想行識無眼耳鼻舌
身意無色聲香味觸法無眼
界乃至無意識界無無明亦
無無明盡乃至無老死亦無
老死盡無苦集滅道無智亦
無得以無所得故菩提薩埵

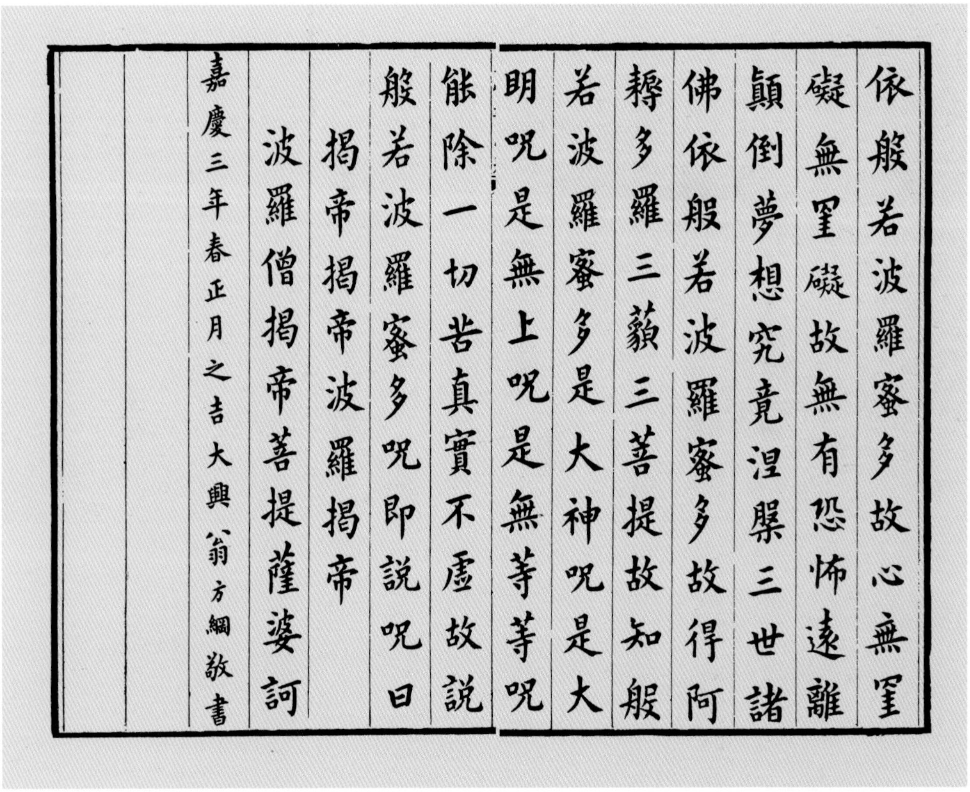

依般若波羅蜜多故心無罣
礙無罣礙故無有恐怖遠離
顛倒夢想究竟涅槃三世諸
佛依般若波羅蜜多故得阿
耨多羅三藐三菩提故知般
若波羅蜜多是大神呪是大
明呪是無上呪是無等等呪
能除一切苦真實不虛故說
般若波羅蜜多呪即說呪曰
揭帝揭帝波羅揭帝
波羅僧揭帝菩提薩婆訶
嘉慶三年春正月之吉大興翁方綱敬書

◉ 清／翁方綱／《般若波羅蜜多心經》

般若波羅蜜多心經

觀自在菩薩行深般若波羅蜜多時照見五蘊皆空度一切苦厄舍利子色不異空空不異色色即是空空即是色受想行識亦復如是舍利子是諸法空相不生不滅不垢不淨不增不減是故空中無色無受想行識無眼耳鼻舌身意無色聲香味觸法無眼界乃至無意識界無無明亦無無明盡乃至無老死亦無老死盡無苦集滅道無智亦無得以無所得故菩提薩埵依般若波羅蜜多故心無罣礙無罣礙故無有恐怖遠離顛倒夢想究竟涅槃三世諸佛依般若波羅蜜多故得阿耨多羅三藐三菩提故知般若波羅蜜多是大神呪是大明呪是無上呪是無等等呪能除一切苦真實不虛故說般若波羅蜜多呪即說呪曰

揭帝揭帝波羅揭帝

波羅僧揭帝菩提薩婆訶

般若波羅蜜多心經

貞觀九年十月旦日率更令歐陽詢書

● 唐／歐陽詢／《般若波羅蜜多心經》

行書

以「行書」為本可參考：

- 晉－王羲之《集字聖教序／心經》
- 宋－蘇軾《般若波羅蜜多心經》
- 元－趙孟頫《般若波羅蜜多心經》
- 明－董其昌《般若波羅蜜多心經》
- 清－劉墉《般若波羅蜜多心經》

◉ 明／董其昌／《般若波羅蜜多心經》

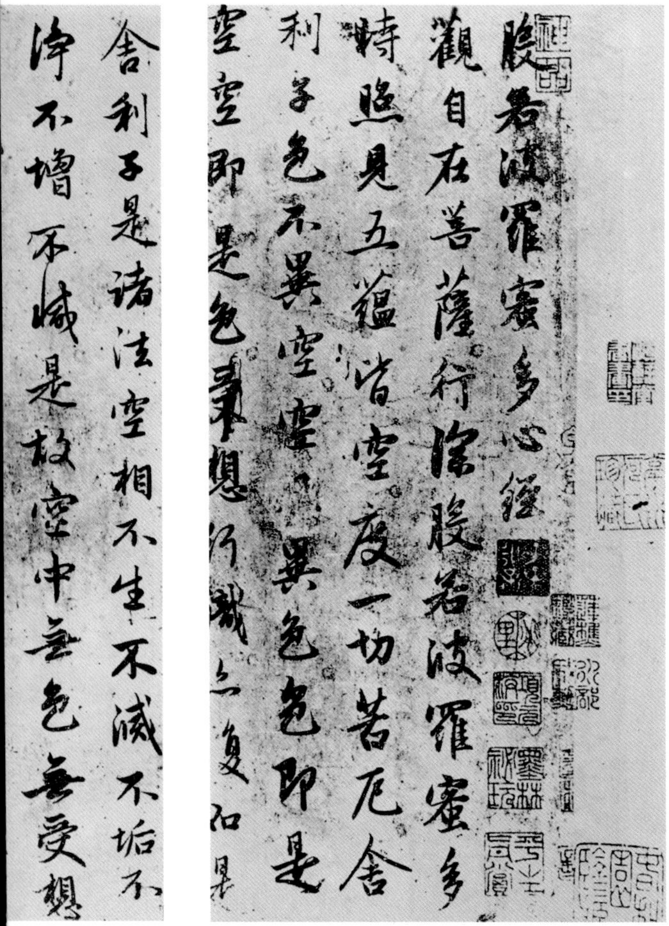

◉ 元／趙孟頫／《般若波羅蜜多心經》

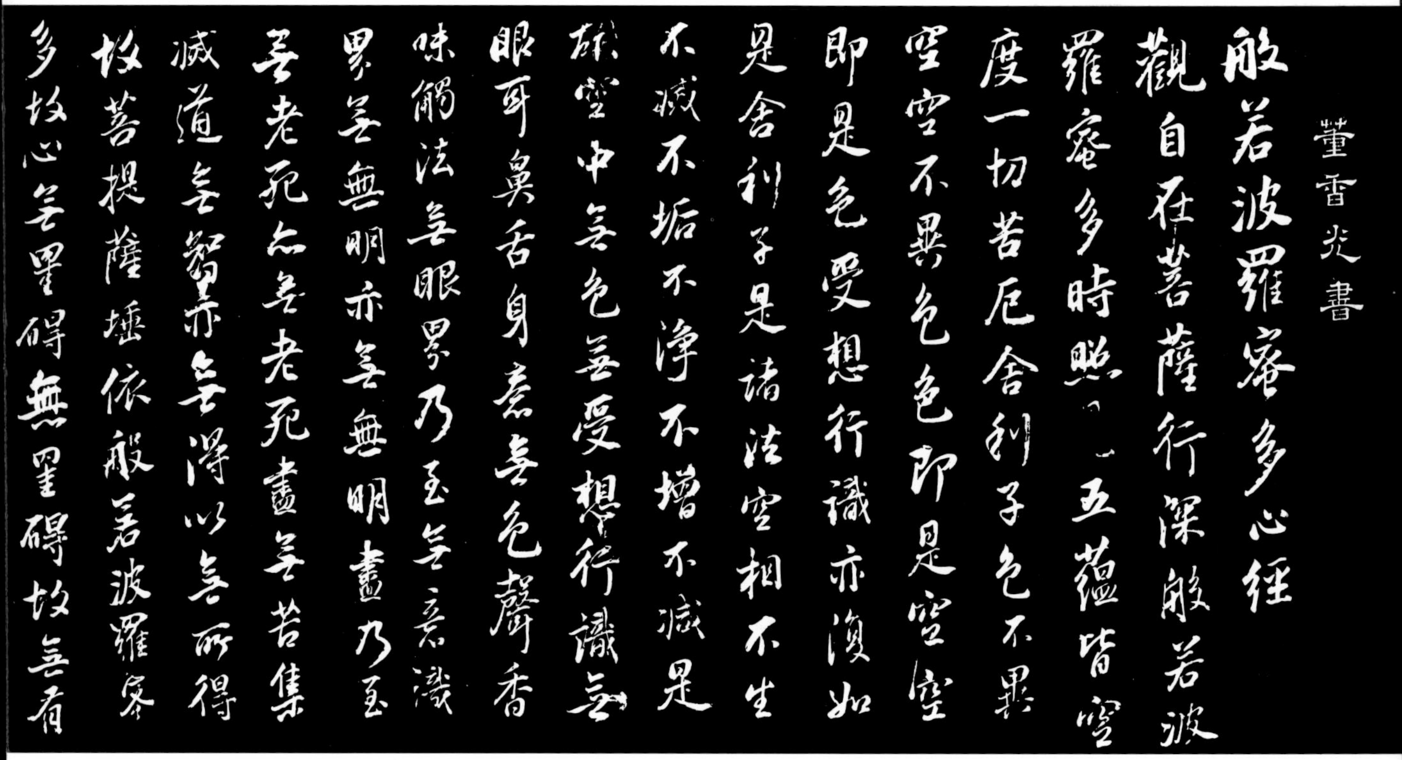

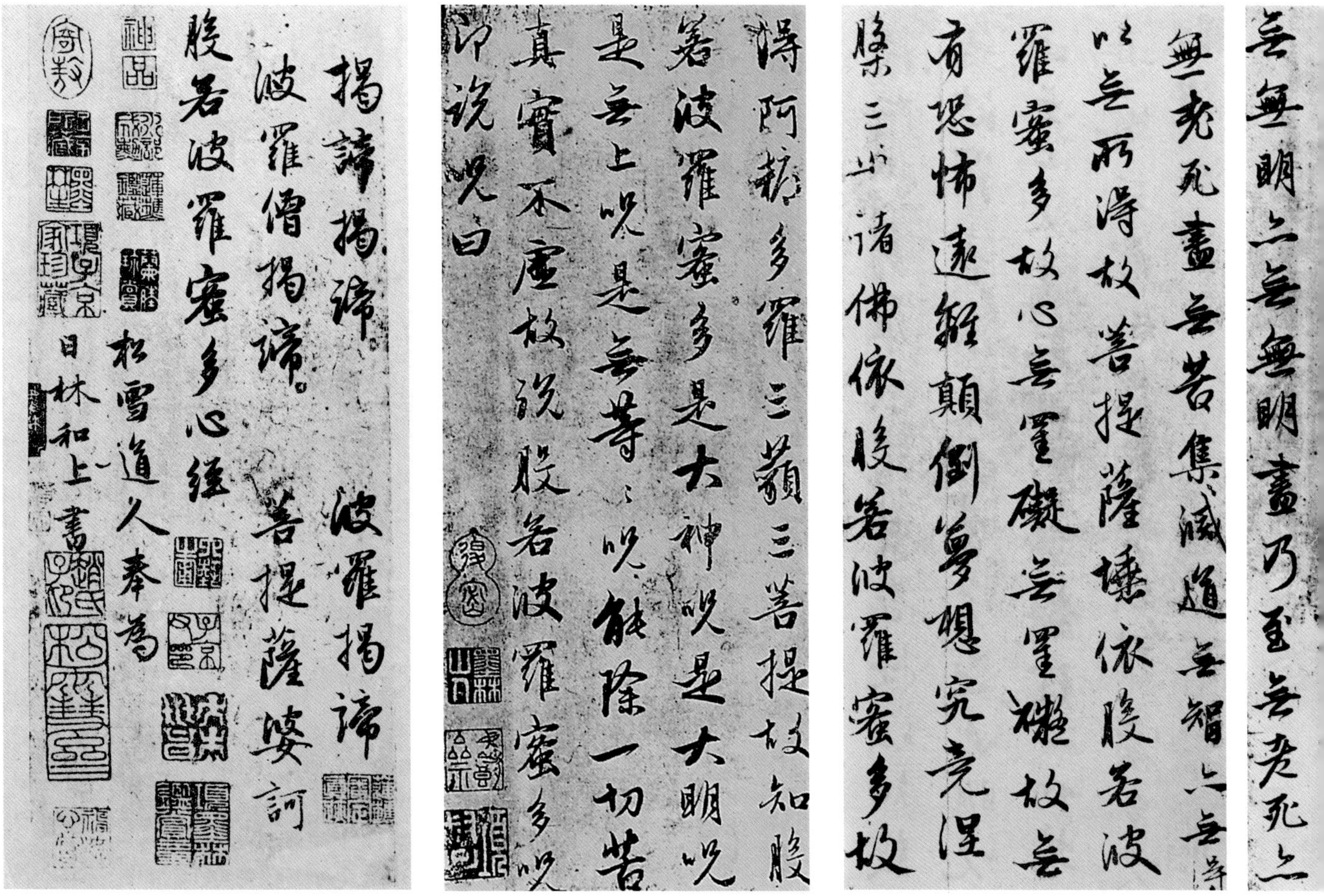
無無明亦無無明盡乃至無老死亦
無老死盡無苦集滅道無智亦無得
以無所得故菩提薩埵依般若波
羅蜜多故心無罣礙無罣礙故無
有恐怖遠離顛倒夢想究竟涅
槃三世諸佛依般若波羅蜜多故
得阿耨多羅三藐三菩提故知般
若波羅蜜多是大神呪是大明呪
是無上呪是無等等呪能除一切苦
真實不虛故說般若波羅蜜多呪
即說呪曰
揭諦揭諦 波羅揭諦
波羅僧揭諦 菩提薩婆訶
般若波羅蜜多心經
松雪道人奉為
日林和上書

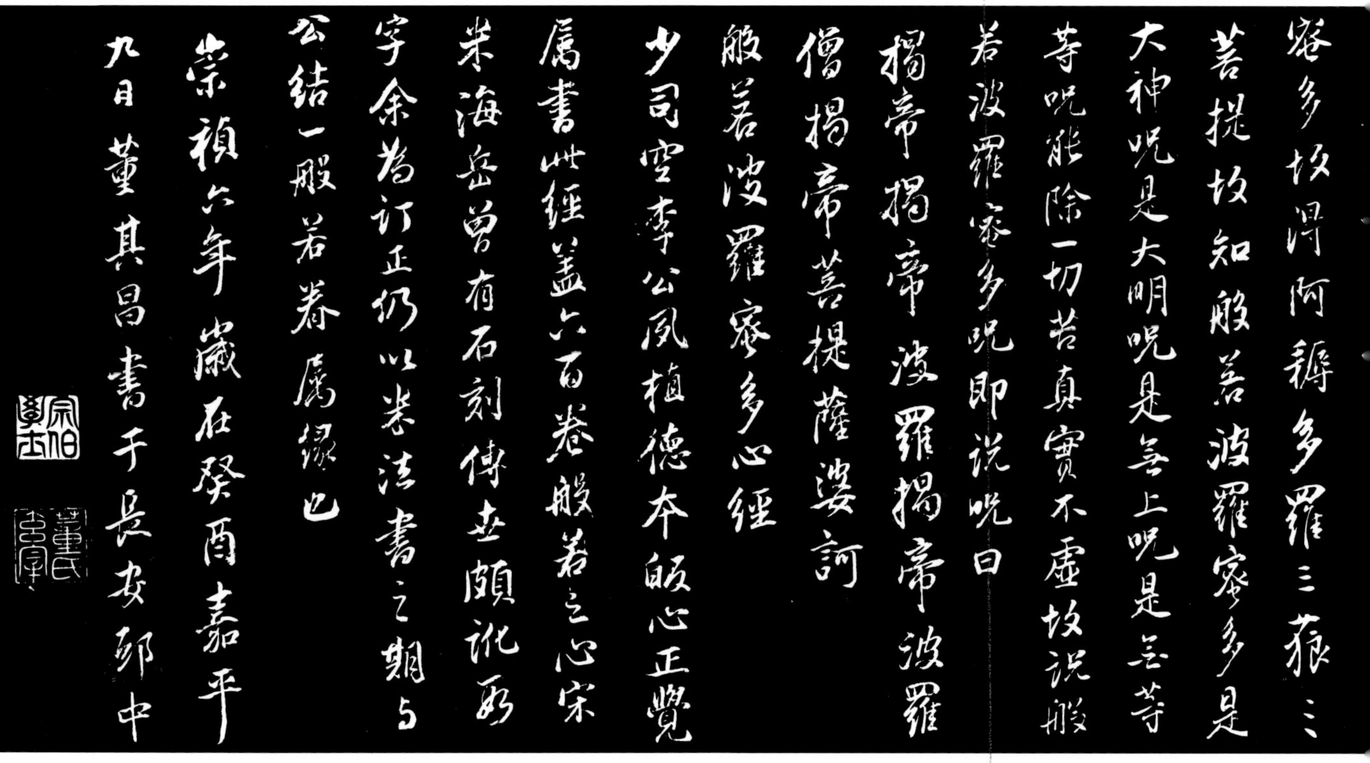
蜜多故得阿耨多羅三藐三
菩提故知般若波羅蜜多是
大神呪是大明呪是無上呪是無等
等呪能除一切苦真實不虛故說般
若波羅蜜多呪即說呪曰
揭帝揭帝 波羅
揭帝 波羅揭帝 波羅
僧揭帝菩提薩婆訶
般若波羅蜜多心經
少司空李公夙植德本皈心正覺
屬書此經蓋六百卷般若之心宗
米海岳曾有石刻傳世頗訛形
字余為訂正仍以米法書之朔
公結一般若眷屬緣也
崇禎六年歲在癸酉嘉平
九月董其昌書于長安邸中

草書

以「草書」為本可參考：

・唐—張旭《般若波羅蜜多心經》
・清—陳爾賜《般若波羅蜜多心經》

●唐／張旭／《般若波羅蜜多心經》（局部）

篆書

以「篆書」為本可參考：

・清—吳昌碩《般若波羅蜜多心經》

・清—鄧石如《般若波羅蜜多心經》

◉清／鄧石如／《般若波羅蜜多心經》（局部）

準備工具

有了齊全的工具，可使寫經過程更加順利，以毛筆書寫經文，必須準備筆墨紙硯等文房四寶，以下就寫經所需的文房四寶分別介紹。

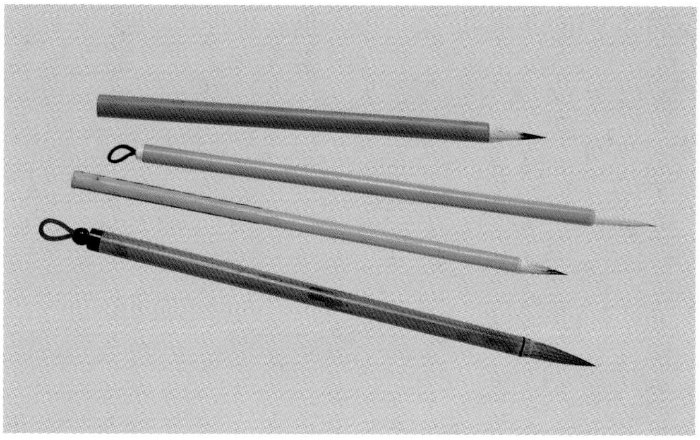

筆 抄經使用的筆要用小楷，最好用彈性適中的兼毫筆，質地良好的狼毫或鼠鬚筆也都可考慮。另可視字體的大小選擇用中或小號的毛筆。新筆在使用時可以冷水浸泡，將筆整個泡開，再行使用。使用後，將毛筆放在水龍頭下以水沖洗，並以大拇指和食指壓揉筆肚，將墨汁完全洗淨後再垂掛在通風的地方，可以讓筆的使用時間增長。

墨 可以購買易發墨的墨條使用。由於寫經不需要太多墨色濃淡變化，買現成的、品質良好的墨汁也可以。但需注意現成墨汁有較濃稠及較淡之分，濃稠則易滯筆，可加水稀釋。

硯 一塊好硯台，容易發墨。如果附帶有密合的蓋子，則能貯水及墨汁一、二日，不必每次使用都得洗拭乾淨。

紙 用來寫經的紙張，可選擇不過分渲染的礬（半礬）宣（棉）紙。各種名目的紙，只要試了之後覺得好用，就可以多買一些放著用。也可選購紙行印好、劃好格子的抄經紙，使用非常方便。

大字練習——《般若波羅蜜多心經》

瞭解筆法特色後，可進入寫經體《般若波羅蜜多心經》大字練習，以大楷或中楷書寫，將更能掌握每個字的特色，待熟練後可以運用於不同的經文。

示範／李蕭錕

蜜多心經觀自在菩薩行深般

若波羅蜜
多時照見
五蘊皆空

度一切苦
厄舍利子
色不異空

空不異色色即是空空即是色

受想行識
亦復如是
舍利子是

諸法空相
不生不滅
不垢不淨

不增不減

是故空中

無色無受

想行識無眼耳鼻舌身意無色

聲香味觸
法無眼界
乃至無意

識界無無明亦無無明盡乃至

無老死亦
無老死盡
無苦集滅

道無智亦無得以無所得故菩

提薩埵依
般若波羅
蜜多故心

無罣礙無罣礙故無有恐怖遠

離顛倒夢
想究竟涅
槃三世諸

佛依般若
波羅蜜多
故得阿耨

多羅三藐
三菩提故
知般若波

羅蜜多是

大神呪是

大明咒是

無上呪是

無等等呪

能除一切

苦真實不虛故說般若波羅蜜

多咒即說

咒曰揭諦

揭諦波羅

揭諦波羅
僧揭諦菩
提薩婆訶

◎寫經之美

本單元收錄幾件寫經作品，讓讀者細細品味寫經之美，同時可參考各種書寫筆法。因篇幅有限，大都採局部呈現，包括著名的《泰山經石峪金剛經》、日本天平時代的《隅寺心經》、宋代書家張即之所寫的《金剛般若波羅蜜經》、元代書家趙孟頫的《大乘妙法蓮華經卷第三》，此經卷原格線即歪斜，此處以原貌呈現不作修整。

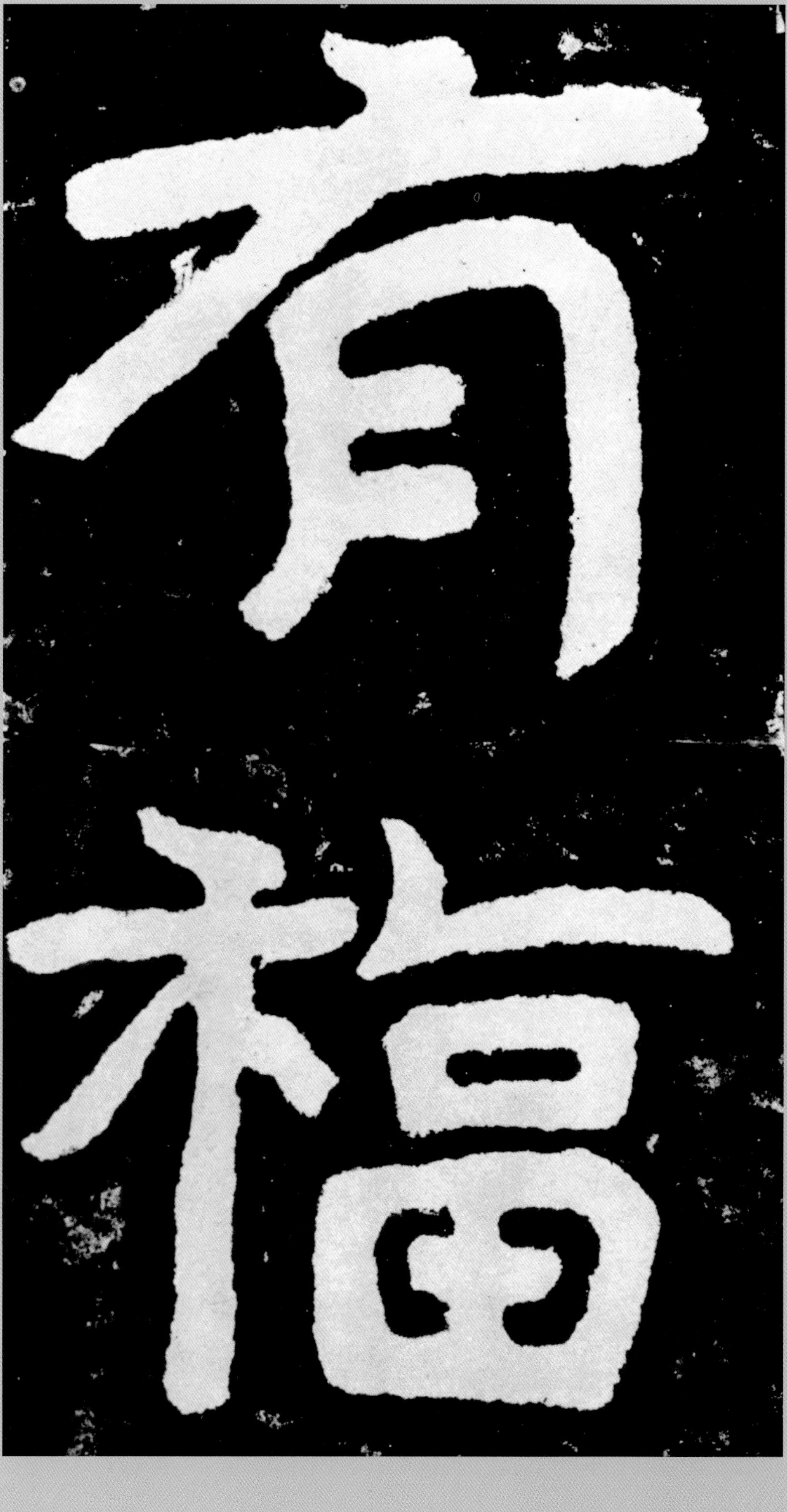

●北齊／《泰山經石峪金剛經》
「洗心・有福」集字

在登泰山頂峰的途間，幾乎呈平面的微傾山腰壁面上，鑿刻每字約一尺至三尺見方諾大的佛經書法，算是世界上最大的一部石刻佛經。因其依山隨勢落筆下刀，筆法和刀法渾然天成，且書體橫線水平，篆隸圓筆相融，平穩厚實，如佛陀親臨說法，可以想見書寫者和鐫刻者經營的苦心與修行的虔敬。

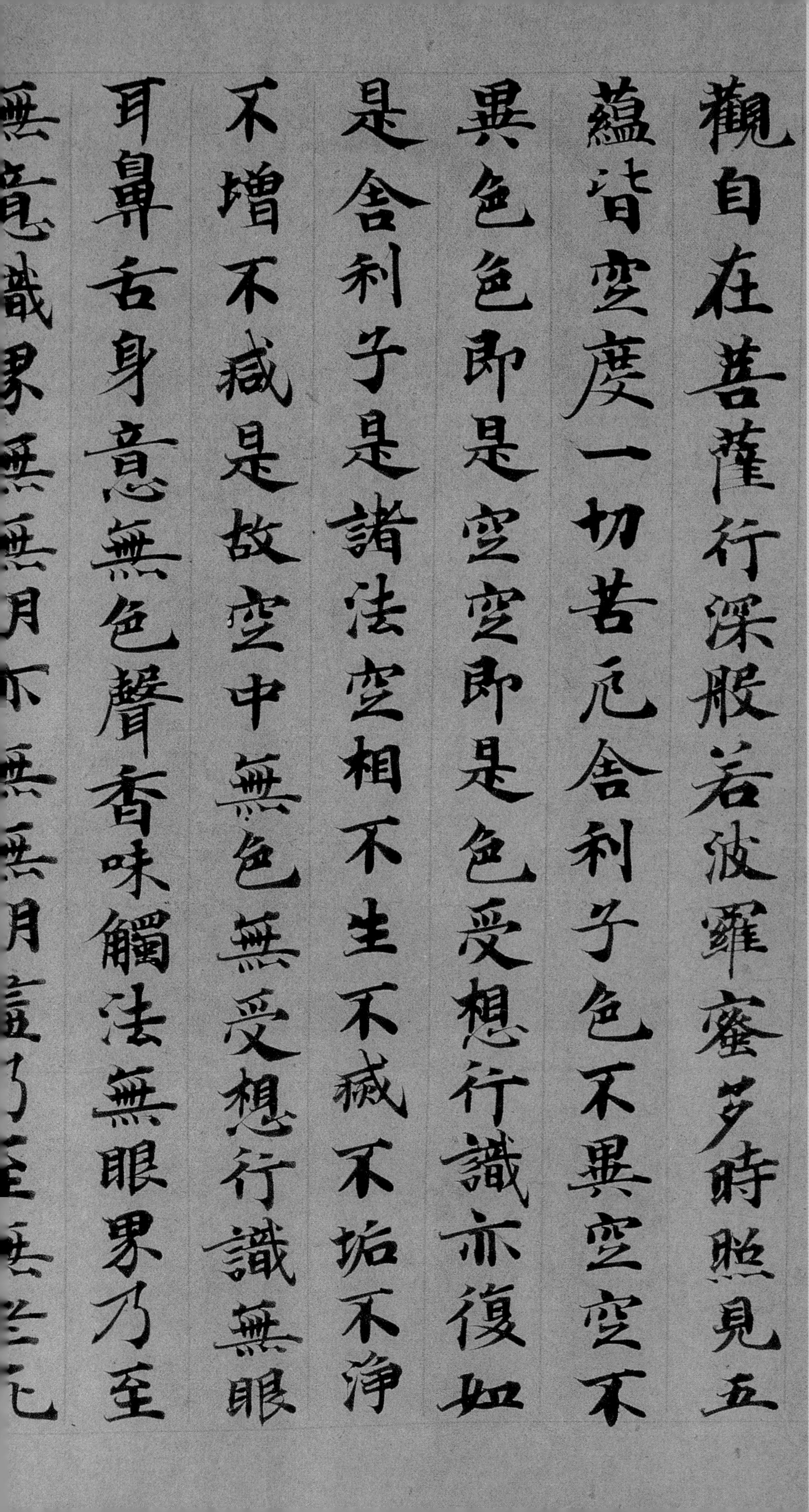
觀自在菩薩行深般若波羅蜜多時照見五
蘊皆空度一切苦厄舍利子色不異空空不
異色色即是空空即是色受想行識亦復如
是舍利子是諸法空相不生不滅不垢不淨
不增不減是故空中無色無受想行識無眼
耳鼻舌身意無色聲香味觸法無眼界乃至
無意識界無無明亦無無明盡乃至無老死

◉日本／天平時代／《隅寺心經》

是典型的晉唐寫經風格。字間稍大，字形內縮，凝練結實。筆筆皆含「起」、「行」、「收」三過折，節奏明快而富韻律感；筆劃較少的字呈粗筆寬線，更增強行間行氣運使的變化，是日本天平時代具強烈唐代寫經風格的代表。

亦無老死盡無苦集滅道無智亦無得以無
所得故菩提薩埵依般若波羅蜜多故心無
罣礙無罣礙故無有恐怖遠離一切顛倒夢
想究竟涅槃三世諸佛依般若波羅蜜多故
得阿耨多羅三藐三菩提故知般若波羅蜜
多是大神咒是大明咒是無上咒是無等等
咒能除一切苦真實不虛故說般若波羅蜜
多咒即說咒曰
揭諦揭諦 波羅揭諦 波羅僧揭諦 菩提薩婆訶

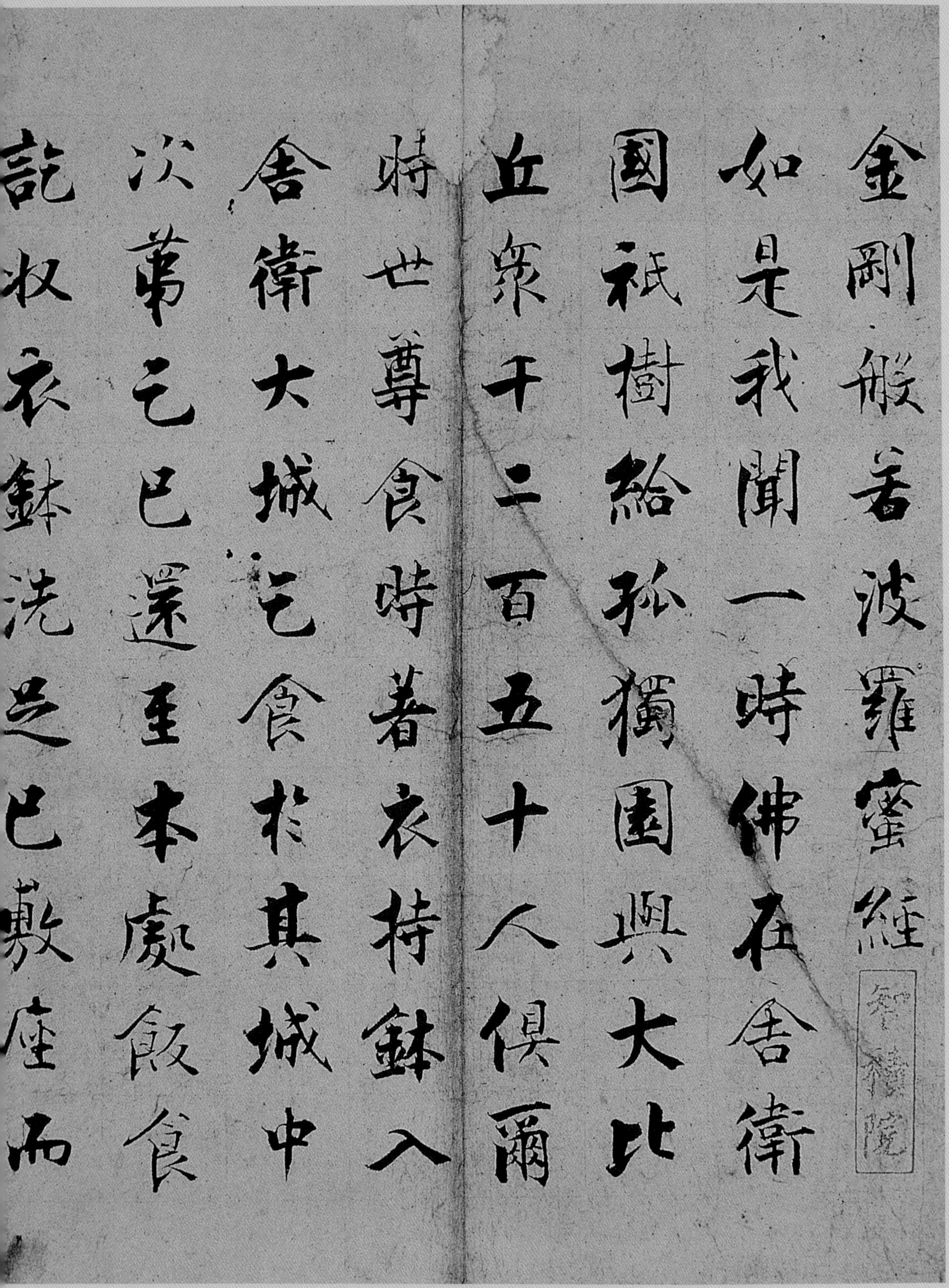
金剛般若波羅蜜經
如是我聞一時佛在舍衛
國祇樹給孤獨園與大比
丘衆千二百五十人俱爾
時世尊食時著衣持鉢入
舍衛大城乞食於其城中
次第乞已還至本處飯食
訖收衣鉢洗足已敷座而

●宋／張即之／《金剛般若波羅蜜經》（局部，日本智積院收藏）

張即之的寫經楷書，最接近隋唐寫經風格，行筆起收頓挫都合手寫經體的特殊節奏，刻意強化單字之偏旁局部，使字與字或行與行間的視覺反差加大，形成特殊的點狀節奏，時而如大鼓般震耳澄慮，時而如鐘鳴般醒夢覺心。

坐
時長老須菩提在大衆中
即從座起偏袒右肩右膝
著地合掌恭敬而白佛言
希有世尊如来善護念諸
菩薩善付囑諸菩薩世尊
善男子善女人發阿耨多
羅三藐三菩提心應云何

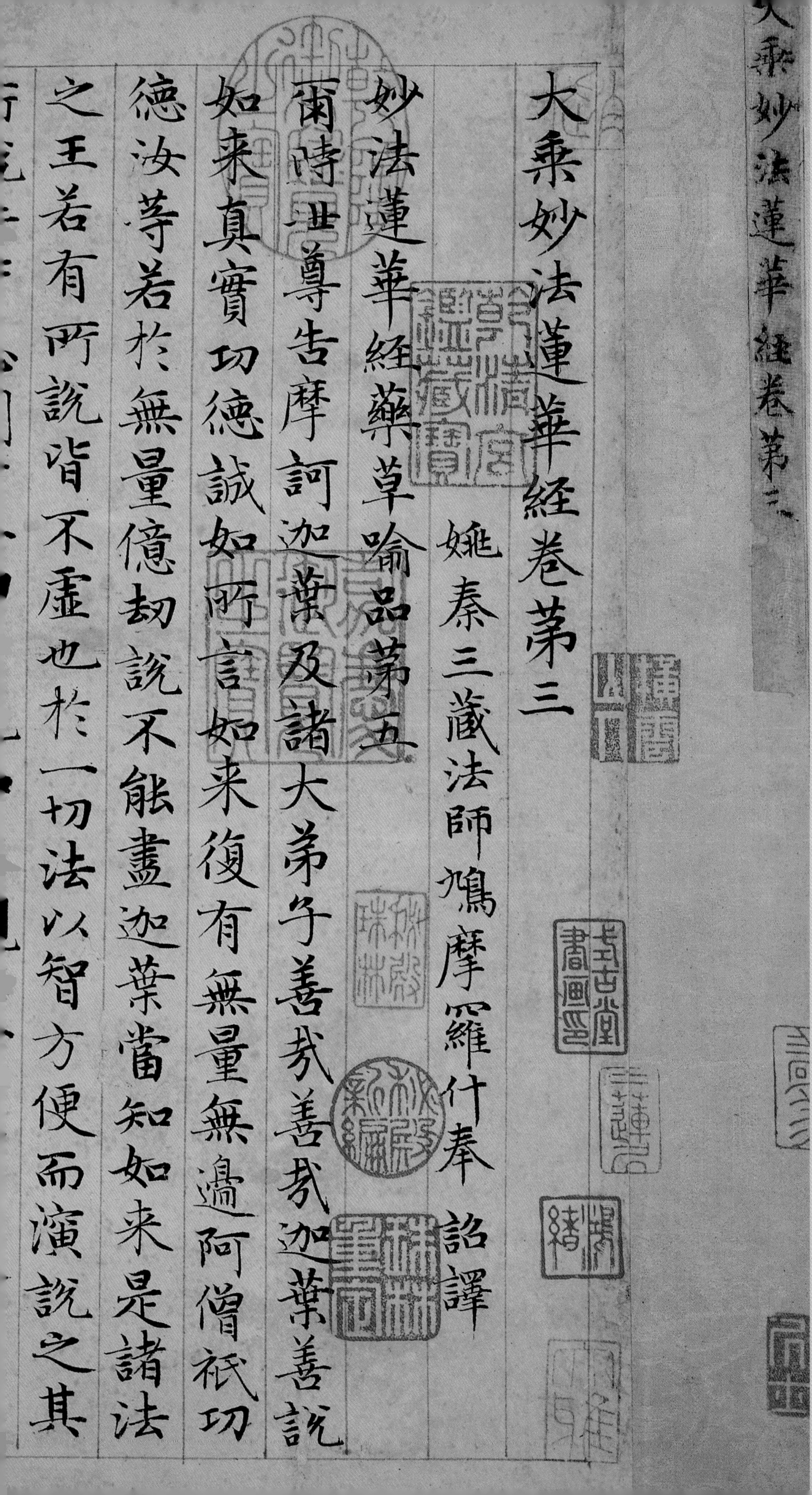
大乘妙法蓮華經卷第三

大乘妙法蓮華經卷第三
姚秦三藏法師鳩摩羅什奉 詔譯
妙法蓮華經藥草喻品第五
爾時世尊告摩訶迦葉及諸大弟子善哉善哉迦葉善說
如來真實功德誠如所言如來復有無量無邊阿僧祇功
德汝等若於無量億劫說不能盡迦葉當知如來是諸法
之王若有所說皆不虛也於一切法以智方便而演說之其

●元／趙孟頫／《大乘妙法蓮華經卷第三》（局部，石頭書屋收藏）

趙孟頫小楷書法娟秀蘊藉，最適於表現橫向長卷的佛經經文；橫筆幾近於隸書形式的水平衡定，點劃處輕柔飄逸，彷若經文中之妙法蓮花，超凡出塵而入於不思議絕妙淨地，是寫經書法中之精品。

亦知一切衆生深心所行通達無礙又於諸法究盡明了示
諸衆生一切智慧迦葉譬如三千大千世界山川谿谷土
地所生卉木叢林及諸藥草種類若干名色各異密雲
彌布遍覆三千大千世界一時等澍其澤普洽卉木叢林
及諸藥草小根小莖小枝小葉中根中莖中枝中葉大根大
莖大枝大葉諸樹大小隨上中下各有所受一雲所雨稱其
種性而得生長華果敷實雖一地所生一雨所潤而諸草木
各有差別迦葉當知如來亦復如是出現於世如大雲起以
大音聲普遍世界天人阿脩羅如彼大雲遍覆三千大千
國土於大衆中而唱是言我是如來應供正遍知明行足善
逝世間解無上士調御丈夫天人師佛世尊未度者令度
未解者令解未安者令安未涅槃者令得涅槃令世後世
如實知之我是一切知者一切見者知道者開道者說道者

◉民初／弘一大師《佛說阿彌陀經》

弘一大師曾遍臨北碑，對凝重厚樸的方筆書法極有體會，但又能兼習圓筆，對北齊北周時的摩崖刻經，特別是《泰山經石峪金剛經》有所參融，待至出家後，一切放下，筆法遂去稜角，而改以無我無心之平常筆意，如佛陀的慈容，顯現在字裡行間。

佛說阿弥陀経　姚秦三藏鳩摩羅什譯
如是我聞一時佛在舍衛國祇樹給孤獨園与大比
丘僧千二百五十人俱皆是大阿羅漢眾所知識長
老舍利弗摩訶目揵連摩訶迦葉摩訶迦旃延摩訶
俱絺羅離婆多周利槃陀伽難陀阿難陀羅睺羅憍
梵波提賓頭盧頗羅墮迦留陀夷摩訶劫賓那薄拘

羅阿㝹樓馱如是等諸大弟子并諸菩薩摩訶薩文
殊師利法王子阿逸多菩薩乾陀訶提菩薩常精進
菩薩与如是等諸大菩薩及釋提桓因等無量諸天
大眾俱爾時佛告長老舍利弗從是西方過十萬億
佛土有世界名曰極樂其土有佛號阿弥陀今現在
說法舍利弗彼土何故名為極樂其國眾生無有眾

苦但受諸樂故名極樂又舍利弗極樂國土七重欄
楯七重羅網七重行樹皆是四寶周帀圍繞是故彼
國名為極樂又舍利弗極樂國土有七寶池八功德
水充滿其中池底純以金沙布地四邊階道金銀琉
璃玻瓈合成上有樓閣亦以金銀琉璃玻瓈硨磲赤
珠瑪瑙而嚴飾之池中蓮華大如車輪青色青光黃

色黃光赤色赤光白色白光微妙香潔舍利弗極樂
國土成就如是功德莊嚴又舍利弗彼佛國土常作
天樂黃金為地晝夜六時雨天曼陀羅華其土眾生
常以清旦各以衣祴盛眾妙華供養他方十萬億佛
即以食時還到本國飯食經行舍利弗極樂國土成
就如是功德莊嚴復次舍利弗彼國常有種種奇妙

◎關於寫經

中國書史中的佛經書法

撰文／李蕭錕

我們無法想像，浩瀚的中國書法史當中，如果除去與佛教有關的書籍篇章，則整部中國書法歷史當如何的簡陋與殘缺不堪。儘管中國文字的發明，一開始便以它形式美的象形圖畫姿態出現，然而，眞正由實用的世界進入藝術表現的高度審美境地，則非吾人想像中這般容易，其間關鍵性的要因，應是魏晉乃至東漢便已傳入中國的印度佛教。由於西來的佛法與佛經的廣大譯佈與抄寫，使得中國文字肩負起空前的重大使命，一夜之間，超凡入聖，書法躍昇而爲中國藝術殿堂裡的無上瑰寶，且這項獨一無二的中國傳統藝術，由於佛教與佛教藝術的參與，近世紀以來，更發揮它無邊的潛力，成爲世界藝壇的寵兒，無論東西，各國學者都對它產生高度的興趣與好奇，不獨是對中國文字書法形象之美的研究熱衷，它所帶給新世紀繪畫的啓蒙，更形廣大與深遠。二十世紀初期中葉，西方盛極一時的抽象畫與抽象表現主義新潮的崛起，便是在中國佛教禪宗思想與中國書法藝術的雙重庇蔭下蔚然成風的。

中國書法發展過程分期

中國書法藝術的發展過程有五：首階是初創期，商周甲骨與鐘鼎文字等，包括大篆、蝌蚪、鳥蟲篆及古文書體。二階爲開展期，指的是秦漢盛行的古隸及八分書，而行、草、楷體緩步形成與開展。三階爲魏晉南北朝及隋唐時期，是中國書史的鼎盛期，楷書盛行，且各體兼備，書論及美學著述極爲精闢成熟，也是佛教進入中原之後的鼎盛時期。四階爲後來的宋元明三朝，稱爲復古與過渡期，此書法復古風盛，除宋代書風講禪味之個人主義外，元明進入守舊的復古期，並爲清代的考古創新奠基，過渡意味濃厚。佛教弘法雖由盛轉平，然仍與書法藝術保持水乳交融的盛況。五階稱爲清代以後，爲法古中興期，古文字與古文物之鑽研風行一時，書法中興呈現一片大好美景，佛教雖不再鼎盛，然其千餘年的思想內涵已然深入並轉化爲中國書法的血脈靈魂。

中國書史中的佛經書法

中國書法由於佛教事業的開展與傳播而得以普及與深化；而佛教經典譯述與弘揚，得利於中國書法之輔成，催促佛法的無遠弗屆與深入人心。佛教和書法如水投水，自然成章，亦若水乳交融，密不可分。而其間扮演最重要角色的，便是寫經與抄經。

寫經與抄經略有不同；寫經是佛教梵文翻譯成漢字的必要手段，譯寫經典使用毛筆，並配以優美的書法，使經典易讀易識並能賞心悅目；抄經則是將譯出的經典，轉寫或抄錄於另紙，這種因印刷術的未及發明而以手寫形式出現，或因寫經的功德及迴向緣由等，均形成古代寫經書法墨跡流行的重要媒介與助力。光是自清光緒二十六年（一九〇〇年）間，在甘肅省敦煌縣鳴砂山千佛洞內，所挖掘出的大量經卷文書中，墨蹟寫本佛經就佔去百分之九十五以上驚的人比例，爲數達三萬卷左右的龐大數量，可知當時佛教寫經書法的重要性與普及性。它包括經、律、論三藏譯本及其音譯、注釋和演論等，始於東晉，盛於隋唐，終於五代與宋，前後長達近六百年，除敦煌一地外，若總和中國其他大小佛寺，及各地道場或民間寫經，爲數更難以估計。寫經書法應是中國書法中數量最大、影響最鉅的文化寶藏之一，也是中國書法藝術，乃至人類文化不可思議的經典遺產。

各種佛事中，寫經與抄經成爲一門嚴肅而普遍的課業，主要是佛經內文早有明訓，謂從事寫經與抄經，甚至受持讀誦，都有極大功德，最有名的例子是《妙法蓮華經．普賢菩薩勸薦品》中的一段：「……若有受持讀誦，正憶念，修習書寫是《法華經》者，當知是人則見

初唐 說法圖

釋迦牟尼佛。」另如《金剛般若波羅蜜經》及《華嚴經》等皆明言寫經所獲福聚無量無邊，又云五種勝功德：「一、如來憶念親近；二、攝福德；三、贊嘆法及修行；四、天等供養；五、滅罪。」等如是大功德、大福慧，故自魏晉以來，寺院僧侶及一般庶民及居士，多熱衷於寫經與抄經。

寫經譯經與抄錄，初以書寫工整易識爲要求，自東漢及魏晉以來的隸和隸楷相融，及隋唐的楷體發展，有一種固定的風格形式軌跡可考，大凡專業的書寫工作者多書寫純熟精湛，稱爲「寫經體」，又專稱「經生書」，因其多爲僧侶或居士等佛教徒或對佛教有虔誠信仰擅於書道一事者，遂然形成一種含宗教信仰的特殊書風。

另外受佛教影響，各個朝代著名書家亦多參予其事，書寫佛經之全部或節錄佛經經文等書蹟（筆寫）、書刻（石刻），爲數之多，幾乎佔去大半書史頁幅。

唐代著名書家柳公權書《金剛般若經》、《心經》楷體墨跡，顏眞卿楷書《多寶塔碑》，張旭草書《心經》，王知敬少林寺《金剛經》楷書，南唐李後主書《心經》。宋代大文豪蘇軾《心經》、《金剛經》、《楞伽經》等行書，黃山谷的《文益禪師語錄》，宋高宗也寫《金剛經》和《心經》，張即之有《華嚴經》和《金剛經》的楷體書法。元代趙孟頫更擅長佛經書寫，著名的如《妙法蓮華經》、《佛說四十二章經》、《金剛經》、《蓮華經》、《華嚴經》等爲數爲史上最多。他的夫人管道昇也抄《金剛經》，鮮于樞曾書《檀波羅蜜》。明代俞允父、何錞及朱倖等人都有《金剛經》書法問世。清代以鄧石如書篆體《心經》爲清代之冠，後來吳昌碩也有篆書《心經》傳世。民國以來，以溥心畬的小楷《金剛經》及血書經卷著稱，而一代高僧弘一法師書法尤爲傑出，所修律宗戒律雖嚴，卻不諱書法藝事，更是以寫經聞名遐邇。

歷代寫經、抄經無計其數，目的與功德雖一，然對象各殊；有專業爲人寫經抄典、有爲寺廟建築勝事寫經、有奉詔寫經，也有爲在世親人好友祈福、報德及超度亡人寫經，更有爲布施持戒寫經。另如賜贈饋禮寫經，書體更爲講究，也有爲置塔中保存久遠寫經。較特殊的有專爲皇室御府庋藏寫經。最普遍的寫經則純爲個

甘肅省敦煌縣鳴砂山千佛洞

泰山經石峪金剛經

北京碧雲寺中，趙孟頫書《般若金剛經》碑刻。

人清淨自守、自然而爲的生活寫經。

刻經類別包括摩崖、石窟、石經、石碑、石柱、經幢等數種而摩崖寫經最爲盛大宏偉；泰山經石峪《金剛經》及山東鄒縣的四川摩崖等戶外雕鑿工程，則爲史上空前巨構。

刻經於石於木，屬雕版佛經，雕版佛經目的在從事印刷複製，爲流通廣布而爲。中國最早的木刻佛經，現存可考的是敦煌卷本《金剛經》，扉頁即雕出釋迦牟尼說法圖，書刻文字精美。木刻書體以楷書爲主，方便複製流廣且易於讀誦，謂「印刷體」，與書法藝術較少關係，而石刻書法則是雕版佛經中工程最鉅，最富藝術氣息的書法大宗。

以摩崖而言，泰山經石峪的《金剛經》、水牛山《文殊般若經》、鄒縣四山摩崖：包括鐵山、崗山、葛山、尖山刻經，及北齊香泉寺《華嚴經》摩崖規模最大。

以石窟而言，河南洛陽龍門石窟、鞏縣石窟及敦煌石窟爲著。石窟內以造像爲主，其佛像四周上下多刻記文字，包括碑陽、碑陰、左右碑側等，書法形式多樣，以北魏楷體《龍門二十品》爲最著。

以石碑而言，如唐邕《寫經碑》，王知敬《金剛經碑》二碑最爲稱道。唐懷仁《集字聖教序》更是石碑佛經經典之作。

以經幢而言，《佛說十二因緣經幢》算是中國石刻佛經之最早。所謂幢，印度梵文即馱縛若，爲直竿高出，飾以各色絲帛以莊嚴佛事者，可制眾魔，置於佛堂中或室前，古以竹木爲之，因易腐去，故改用石刻以垂永遠。

佛經中，原以筆寫經卷最爲流通，而石刻佛經之盛行，則另有緣由；一爲紙帛纖素易損快壞，不能長久保存，二因北魏及北周的武帝兩次滅佛，門徒及信眾遂發願刻經於石，更利於弘法。

不刻於戶外，而選於室內被稱爲石經者，著名的如房山雲居寺石經，刻文爲《大涅盤經》，經石總數約一萬五千，是中國石經刻石最大最巨者。其他如有名的熹平石經等則爲儒家經典內文，另山西《晉祠華嚴石經》包存完整，共八十卷一百二十餘幢，字體若初唐小楷。

2

3

還是以京都、奈良等古城的寫經風氣較爲盛行，以舉行寫經會出名的寺廟也多在這兩地，如京都的大覺寺、南禪寺、鞍馬寺，以及奈良的藥師寺等。不過，還是會有信眾專程前來我們四天王寺寫經，可能是因爲知道的人少，所以格外顯得清靜吧！」她笑著說。

轉眼間，寫經用具已經爲我們擺設好了，她頓了頓並繼續聊到，「日文中的寫經其實就是抄經的意思。日本人之所以會到寺廟裡寫經多半是爲了三個目的。一爲祈願或者是還願，二爲供養祖先，將寫經的功德迴向給死去的親人。三爲求身心安頓，純粹只想擁有寫經後自然產生的那股沉靜之感。無論是帶有怎樣的目的來寫經，過程中達到的專注以及完成後產生的平靜與喜悅，應該都是一致的。這也是帶給日本社會安定的一股祥和力量吧！」她依舊是心滿意足地笑著。

一切就緒後，老太太先引領我到佛像前點上蠟燭，代表著寫經儀式的起始。之後的動作是在佛桌前已點燃的香火上灑上香，香灑上後香火會燃得更加旺盛並產生一股淡淡的香氣。上述動作完成之後，她便要我回到位置上靜坐一會兒、雙手合十、閱讀經文，然後開始磨墨。墨磨好了之後，此行的主要目的—靜心寫經便正式展開。當時我思考著寫經前這麼多的步驟它意義何在？我想，除了告知神明之外，最大的作用還是幫助寫經者收攝心神，早點進入寫經應有的平靜狀態吧！其實，打從步入四天王寺、進入聖靈院正殿、點蠟燭、焚香、合十誦經、磨墨，我的心情便是漸進式地達到某一種安詳與寧靜。之後提筆寫下「摩訶般若波羅蜜多心經」幾個字之後，伴隨著迎面拂來的徐徐清風，莊嚴的鐘聲點綴著蟲鳴，和煦的陽光照射在眼前賞心悅目的枯山水之上，香煙瀰漫摻雜著木造建築特有的氣味。我，正逐漸進入了一種前所未有的專注狀態。就這樣一路抄寫下去，身心靈都全神灌注在經文與筆尖之中，連身旁何時又多了一位寫經客也渾然不知。

在寫經的過程之中，身心自然地達成一種專一，似乎連時間的流動也都不易察覺，這對於分秒必爭的現代人來說，是不可思議的吧！轉眼之間，《般若心經》已抄錄完成，填上日期與願望並且簽上名，便可宣佈大功告成了。看看錶才知道，約莫花了一個鐘頭的時間。之後老太太告知我，可選擇將抄好的經文帶回亦或是供養在寺中，我們選擇帶回，老太太便細心地幫我們包裝好，就連經文的範本也可一併帶回。就在此時，身旁中途才來到的婦人也完成了她寫經的功課，我們也和她有了短暫的交談。渡邊太太約莫五十多歲，是家庭主婦。她不好意思地說，在她年輕的時候從未有到寺廟來寫經的念頭，也是老了才發現寫經不可思議的功德與力量。現在她大約一個月會來這裡抄寫一次經，有時是爲了祈願有時則純粹是求內心的安定。她也嘆道：「要是年輕的時候就懂這些不知該有多好？年紀輕的人是沉不住氣來廟裡寫經的，像你們這樣的青年我還是第一次遇到呢！」

就這樣，我們在歡笑聲之中結束了此次的靜心寫經之旅。跟兩位老太太雖然素昧平生，但在寫經的沈靜氛圍裡，消弭了語言、國籍與年紀的距離，我們之間似乎有份奇妙的共同情感，在彼此的性靈裡自在地流動著，這也是寫經的神奇功效之一吧！姑且不論其宗教內涵爲何，寫經的確是能夠提供忙碌的現代人一個身心整頓的機會；或者也可當作闔家共同參與的休閒活動，它必定能夠成爲親子間感情交流的一項上選媒介。

寫於二〇〇一年夏

4

5

4.點燃蠟燭。**5**.寫經場地整理。**6**.將「お香」灑在已點燃的香上。**7**.合十，靜坐。**8**.誦經。**9**.磨墨。**10**.靜心寫經。**11**.完成。

8

7

6

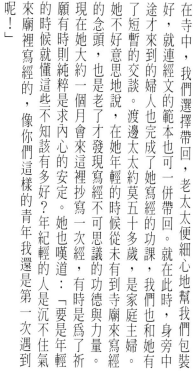

10

9

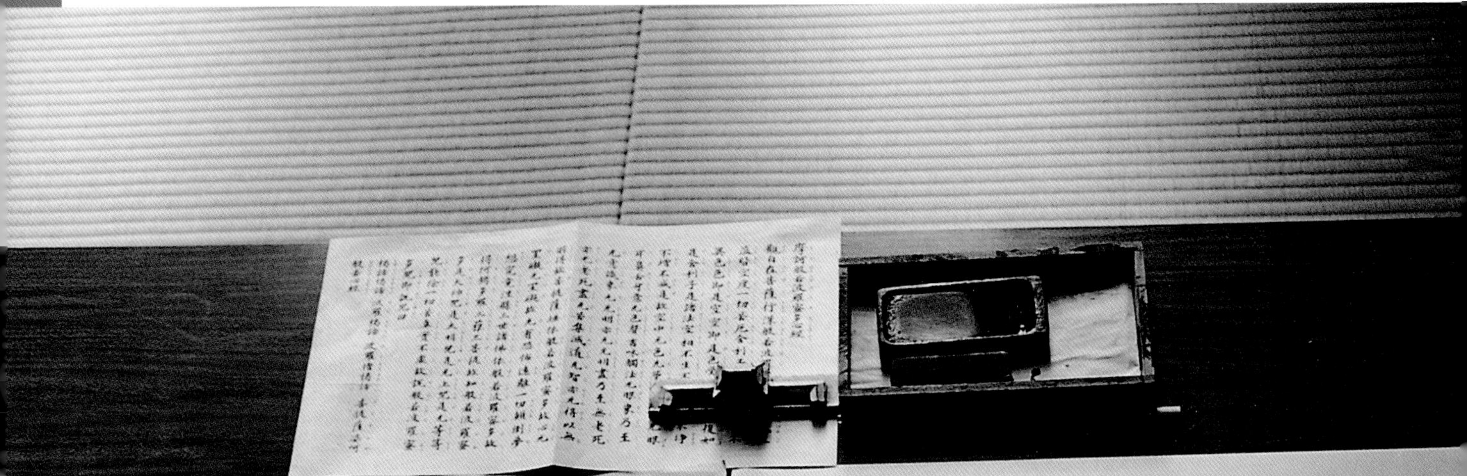

11

另一類的接觸

讀小學時，曾見鄰人用毛筆寫著端正的週記，一筆一畫看得令人入迷，眞是又羨慕，又訝異，字原來可寫得這麼美，自己也當眞鋪紙，研墨了起來，想奮發圖強一番；國中時，每個週日的夜晚，家人皆已沉沉睡去，靜靜的夜，只留下自己一個人，獨自面對電視機揮毫，可別誤會這是寒窗苦練毛筆，是因爲明天交作業，一週一次的對中國文化敬禮；至於爲何要在電視機前進行這例行的儀式呢？夜太深，人太靜，開起夜車來，電視是個挺篤實的夥伴；但是那一張九宮格的命運，也一直停留在「畫土牛」的階段，至今每每見到請簽名，總是小心翼翼的描畫著，唯恐一不小心又要露出「牛腳」來了，破壞了畫面的和諧；心中總有一份遺憾，不論是對這優美的中國文字或自己。

在一次偶然的際遇裡，竟然讓自己又有機會拿起了毛筆，而且是「心無掛罣，無有恐怖，遠離顚倒夢想」，四平八穩的寫了將近一個小時，仍然意猶未盡，時間的流逝彷彿刹那間寧靜的氣氛充塞在身心之中，萬緣放下，只是一筆一劃慢慢的讓心去貼近紙張上的每一個筆劃，爬行在每一個空白的格子裡，很自在的探索橫、豎之間的遊戲與默契；曾幾何時，心中那隻毛躁的猿猴，被遠遠拋在門外，不得其門而入，落得今日在此偷得浮生半日閒……。

每當在佛光山抄經堂抄經時，偶爾停頓下來望見這滿窗的綠蔭，高聳的大樹下，伴隨著綠衣片片的竹叢，當風輕輕的吹過，這搖曳的綠衣美女，仍是慵懶地伸著懶腰，打著哈欠陶醉在這一片無諍的寧靜中，不願醒來，無視於白花花的陽光流竄在這其中。遠處傳來幾句的人聲也在沙沙的樹葉聲中，漸行漸遠，取代的是無見的蟬鳴。在窗的另一邊，琉璃瓦上正在散發著南台灣太陽的魅力，金黃色的光芒十分閃耀，殿前的草皮，綠得可以招呼白雲下來喝喝茶、說說話，倒是小麻雀早就成群結隊的在草坪上、採集著一日的所需，吱吱喳喳忙碌得很；大殿裡的佛祖安坐在蓮臺上，慈眉善目地凝視著來來往往的香客。多少的期盼、因緣都在佛祖無言的微笑中流動著，似乎也找到了安頓的地方。

我這凡夫俗子，輕手輕腳的不敢驚動這週遭的一切，努力地畫著心的水牛，自得其樂，雖然難登大雅之堂，但倒也自覺得了幾分佛祖的印心，在這紅塵滾滾中找到了一方淨土。如果您有機會不妨到高雄佛光山抄經堂走一遭，也許您也會有另一番體會與另一類接觸。

撰文／老拙

佛光山抄經堂

抄經工具

佛光山抄經

抄經不但是在現代忙碌社會中一個自我修身養性之道，同時更具有助揚佛教之功。寫經功德之殊勝如《金剛經》云：「若復有人聞此經典，信心不逆，其福勝彼，何況書寫、受持、讀誦、爲人解說。」又如《放光般若經》、《瑜珈師地論》云：「書寫」不僅於「十法行」（註）中居首，而且行此十法能遠離魔害，得

圖文／如常法師

天龍護衛，不久當得菩薩。都說明著寫經的殊勝功德。

初學抄經者可至佛寺參加抄經班，或於家中清靜處選擇自己喜歡的經文抄寫，剛開始抄經者不求寫久、寫多、寫快，但求此習慣恆長不間斷。因抄經不同一般寫字，從準備至完成的過程都爲抄經的一部份。更是修行必經的過程。欲達到身心安泰的感受，需一筆一劃，一字一句專注抄寫佛經，將整個身心投入其中，達到身心精神一心不亂的境界。

「藝文的教化性格」爲佛光山接引十方信眾方便渡眾的方法，於世界各地道場也以「佛教與藝文合一」爲方向發展。因此星雲大師於海內外設置各道場，除了以共修佛事書寫發行《阿彌陀經》、《心經》、《金剛般若波羅蜜經》、《藥師琉璃光如來本願經》、《大悲咒》、《地藏經》等多種臨摹抄經本，使得抄經的行爲成爲現代人簡易的修行之一。

佛光山的抄經堂是一處具修行與教育的修持中心，座落於大雄寶殿左側的「西淨」二樓，提供各類的書法範本、宣紙、毛邊紙及筆、墨硯，抄經者可以依自己需要選擇，所寫的作品可自行帶回或留下與大眾分享。佛光山的抄經堂除了提供來山信眾及山中徒眾前往修持外，也提供場地給各學校機關團體舉辦各類抄經活動。在佛光山全省數百個寺廟、道場、講堂、禪淨中心中，也多設有抄經班，多由法師帶領抄經課程，抄經的內容視課程安排而定，所有信眾皆可前往報名參加。法師帶領方式列舉下列二種：

（一）1 靜坐 2 稱念佛號 3 抄經 4 法師開示（多爲抄經內容開示佛法）5 迴向

（二）1 誦經（多爲唸誦抄經經文）2 靜坐 3 抄經 4 法師開示 5 迴向

註：《佛光大辭典》：十種法行：梵語daśa dharma-caryāḥ。乃十種有關受持經典之方法行儀。略稱十法行。即：（一）書寫，書寫經、律、論，使其廣為流通。（二）供養，乃尊敬有經典或有佛塔之所在。（三）施他，指為他人說正法，並施與經典而教化之。（四）諦聽，專注聆聽他人讀誦經文。（五）披讀，自開經典讀誦。（六）受持，指受納教法，憶持不忘。（七）開演，指為他人說教法，使其起信解。（八）諷誦，指諷誦、宣揚經文，使他人產生喜悅。（九）思惟，指思惟佛陀所書之法義。（十）修習行，指修習佛陀所書之法。（辯中邊論卷下、顯揚聖教論卷二）

佛光山抄經班

佛光山抄經單位 資料整理/如常法師

單位	電話	地址
極樂寺	02-24222570	基隆市信二路270號
佛光山台北道場	02-27620112	台北市松隆路327號11樓 社教館
普門寺	02-27121177	台北市民權東路三段136號11樓
大慈佛社	02-22366040	台北市文山區試院路4巷22號
永和學舍	02-29232330	台北縣永和市中正路446號9樓
板橋講堂	02-26941045	台北縣板橋市四川路二段16巷8號4樓
三重禪淨中	心02-22875624	台北縣三重市三和路四段111知32號4樓
桃園講堂	03-3554777	桃園市中正路720號10樓
法寶寺	03-5328671	新竹市民族路241巷1號
東海道場	04-23597871	台中市工業區一路2巷3號14樓
福山寺	04-7322571	彰化市福山里福山街348號
圓福寺	05-2772563	嘉義市圓福街37號
福國寺	06-3559344	台南市安和路四段538巷81號
台南講堂	06-2017599	台南縣永康市中華路425號13樓
新營講堂	06-6335561	台南縣新營市長榮路一段502號
普賢寺	07-2515558	高雄市七賢二路426號10號
佛光山抄經堂	07-6561921	高雄縣大樹鄉興田路153號
潮州禪淨中心	08-7895995	屏東縣潮州鎮延平路255號3樓
屏東講堂	08-7558003	屏東市建華三街46號
蘭陽別院	039-330333	宜蘭市中山路257號
日光寺	089-225756	台東市蘭州街58巷25號

註：以上開放抄經時間請先電話聯絡。